girafă

giraffe

cangur

känguru

gândac

fehler

maimuţă

affe

caracatiţă

tintenfisch

iepure

hase

rechin
hai

tigru
tiger

iac
yak

zebră
zebra

aligator
alligator

câine
hund

papagal

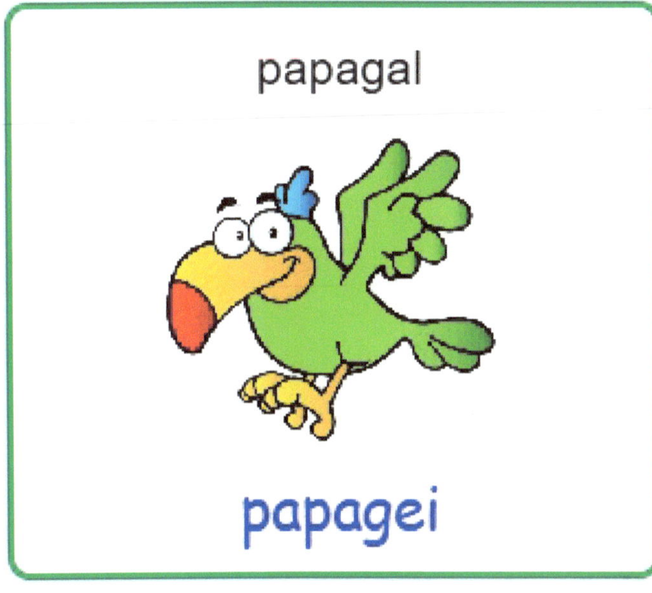

papagei

animale

tiere

oaie

schaf

vierme

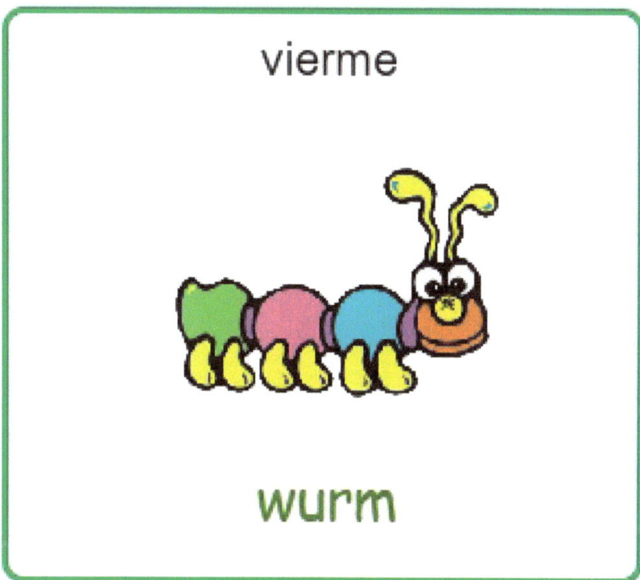

wurm

furnică

ameise

pisică

katze

cerb

**hirsch**

elefant

**elefant**

peşte

**fisch**

găină

**henne**

iguană

**leguan**

leu

**löwe**

cârtiță

**maulwurf**

bufniţă

**eule**

porc

**schwein**

cocoş

**hahn**

melc

**schnecke**

curcan

**truthahn**

balenă

wal

albină

biene

rață

ente

gorilă

gorilla

urs

bär

pasăre

vogel

pui

**hähnchen**

vacă

**kuh**

crab

**krabbe**

cal

**pferd**

pisoi

**kätzchen**

veverițe

**eichhörnchen**

fluture

**schmetterling**

cămilă

**kamel**

delfin

**delphin**

vultur

**adler**

pui

**küken**

vulpe

**fuchs**

broască

frosch

capră

ziege

hipopotam

nilpferd

urs panda

panda

cățeluș

hündchen

soareci

mäuse

pinguin
pinguin

şarpe
schlange


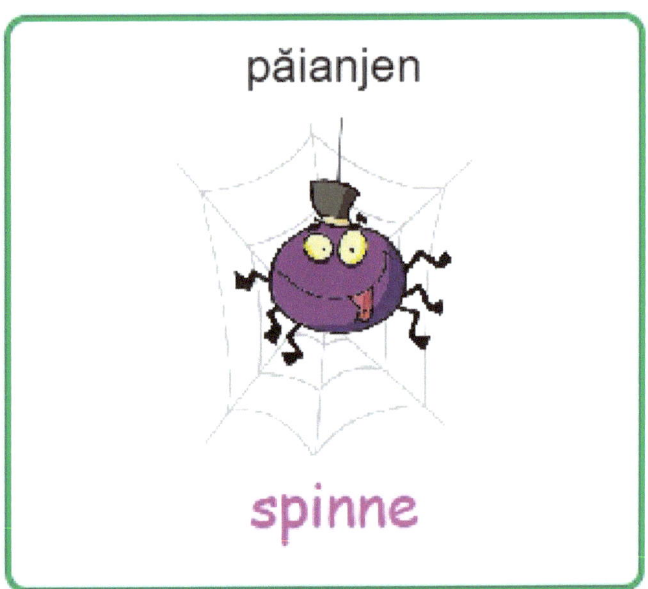


păianjen
spinne

ţestoaselor
schildkröte

lup
wolf

muste
fliegt

| insectă | koala |
|---|---|
|  |  |
| **insekt** | **koala** |
| prepeliță | şobolan |
|  |  |
| **wachtel** | **ratte** |
| sconcsi | ghepard |
|  |  |
| **stinktiere** | **gepard** |

şopârlă

**eidechse**

iapă

**stute**

struţ

**strauß**

stridie

**auster**

pelican

**pelikan**

porumbel

**taube**

ren

**rentier**

lebădă

**schwan**

lingău

**kröte**

vultur

**geier**

morsă

**walross**

moluscă

**muschel**

vier

eber

genunchi

knie

mână

hand

ochi

auge

cap

kopf

picioare

beine

| păr | urechi |
|---|---|
| 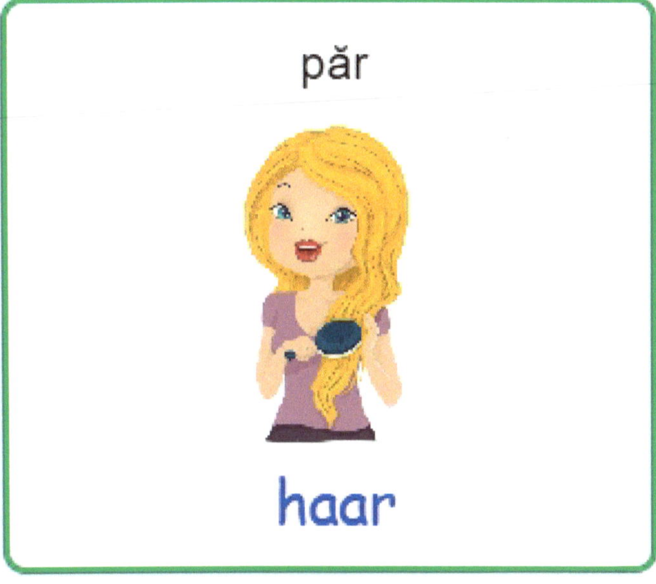 |  |
| **haar** | **ohren** |

| deget | nas |
|---|---|
| 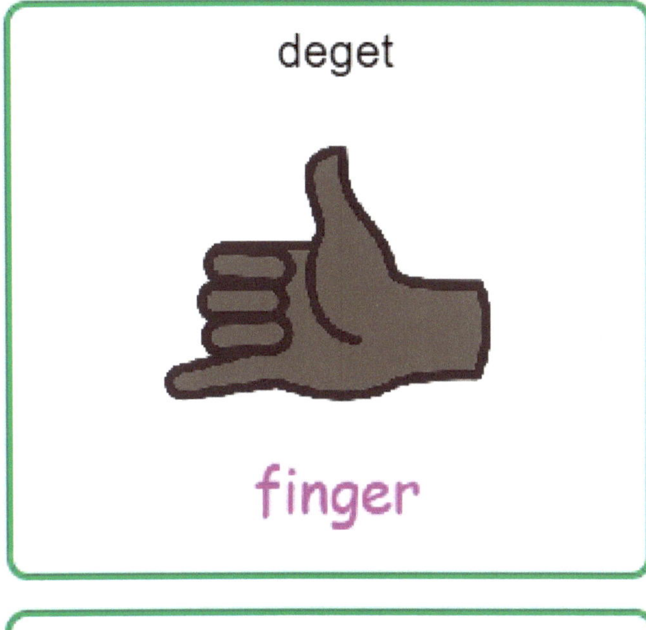 |  |
| **finger** | **nase** |

| dinte | umăr |
|---|---|
|  |  |
| **zahn** | **schulter** |

braţ

**arm**

barbă

**bart**

bărbie

**kinn**

cot

**ellbogen**

feţe

**gesichter**

gură

**mund**

gât

**hals**

degetele

**daumen**

limbă

**zunge**

muşchi

**muskel**

şold

**hüfte**

corp

**karosserie**

inghetata

eis

gem

marmelade

pepene

wassermelone

tort

kuchen

portocale

orange

iaurt

joghurt

lămâie

zitrone

lapte

milch

pere

birnen

măr

apfel

pâine

brot

nucă de cocos

kokosnuss

brocoli

**brokkoli**

mazăre

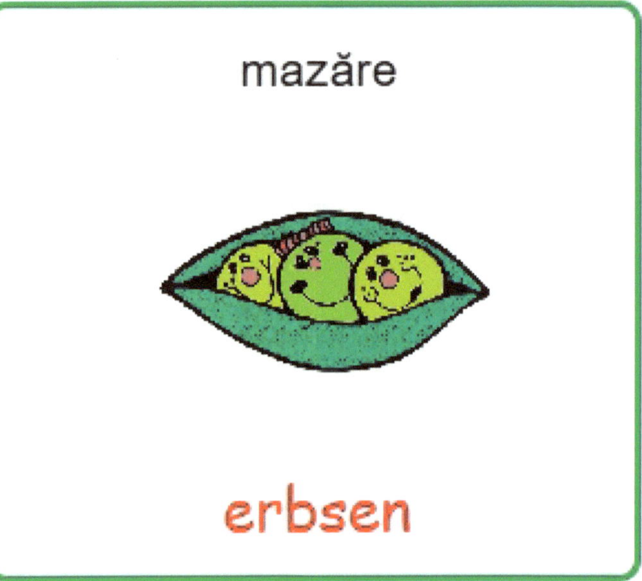

**erbsen**

salată

**salat**

chili

**chili**

cireașă

**kirsche**

banană

**banane**

| căpșună | ananas |
|---|---|
|  |  |
| **erdbeere** | **ananas** |

| fasole | bomboane |
|---|---|
| 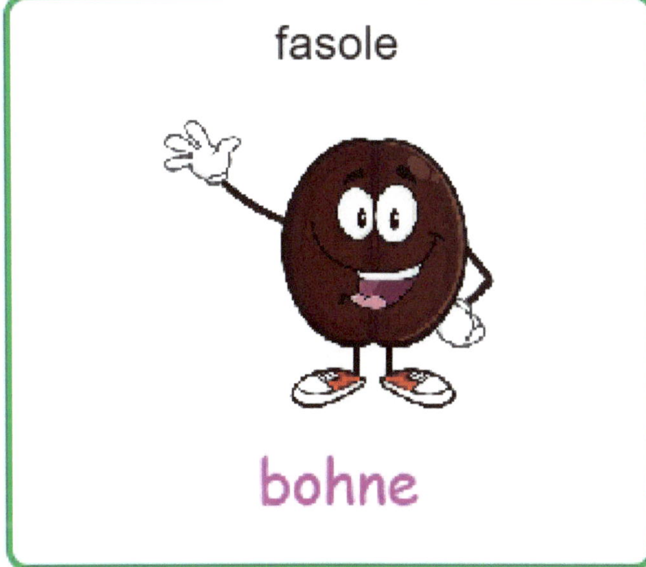 |  |
| **bohne** | **süßigkeiten** |

| șuncă | suc |
|---|---|
|  |  |
| **schinken** | **saft** |

| kiwi | carne |
| --- | --- |
|  |  |
| **kiwi** | **fleisch** |

| nuci | ceapă |
| --- | --- |
|  |  |
| **nüsse** | **zwiebel** |

| ketchup | brânză |
| --- | --- |
|  |  |
| **ketchup** | **käse** |

strugure
traube

morcov
karotte

budincă
pudding

tăiței
nudeln


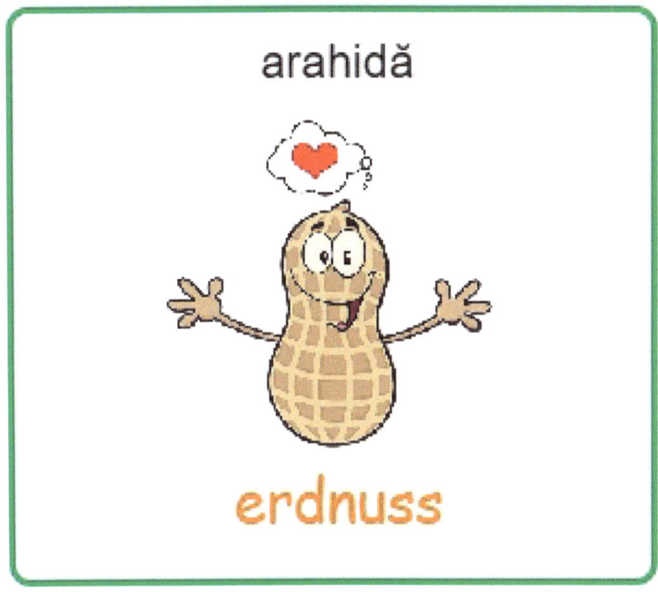

arahidă
erdnuss

cartof
kartoffel

friptură

**steak**

gogoși

**donuts**

legume

**gemüse**

cârnat

**wurst**

plăcinte

**kuchen**

miere

**honig**

supă

**suppe**

avocado

**avocado**

ciocolată

**schokolade**

pizza

**pizza**

roșie

**tomate**

vinete

**auberginen**

castravete

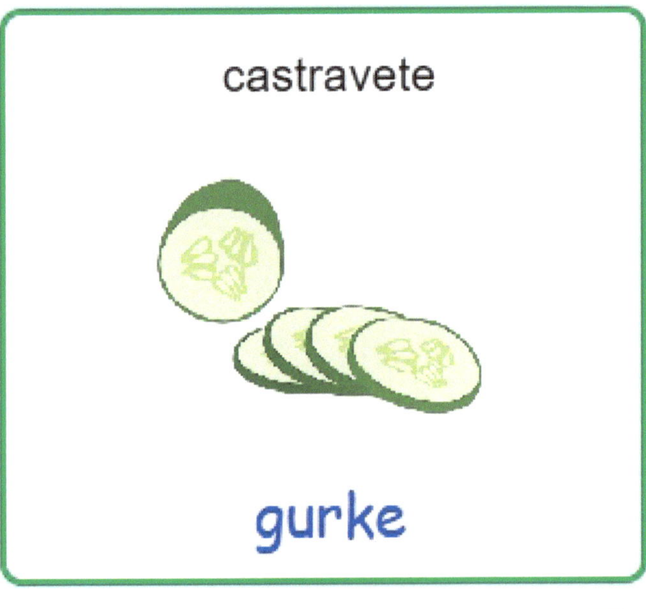

gurke

grapefruit

grapefruit

sandviş

sandwiches

piersică

pfirsich

ouă

eier

prună

pflaume

rodie

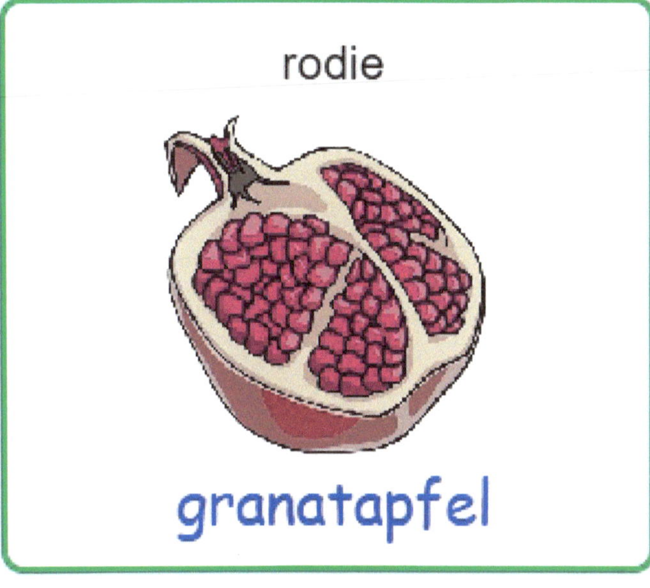

**granatapfel**

zmeură

**himbeere**

mandarină

**mandarine**

grâu

**weizen**

fursec

**plätzchen**

ciupercă

**pilz**

ridiche

**rübe**

ghinde

**eicheln**

porumb

**mais**

bebelus

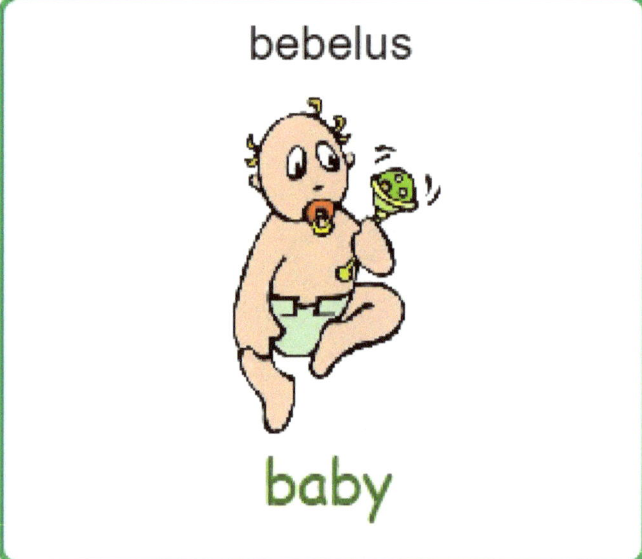

**baby**

rege

**könig**

copii

**kinder**

regină

königin

băiat

junge

frate

bruder

copii

kinder

agricultor

farmer

tată

vater

fată

**mädchen**

om

**mann**

mamă

**mutter**

vrăjitoare

**hexen**

soră

**schwester**

frizer

**barbier**

prieten

**freund**

doctor

**arzt**

dădacă

**schwester**

magician

**zauberer**

fotograf

**fotograf**

pirat

**pirat**

bucătarșef
koch

înger
engel


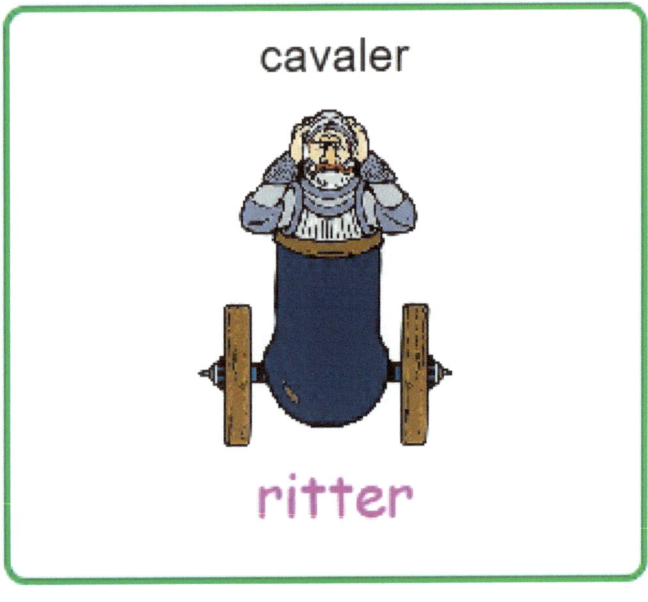


cavaler
ritter

sirenă
nixe

prinţesă
prinzessin

profesor
lehrer

tata

**papa**

artist

**künstler**

muzician

**musiker**

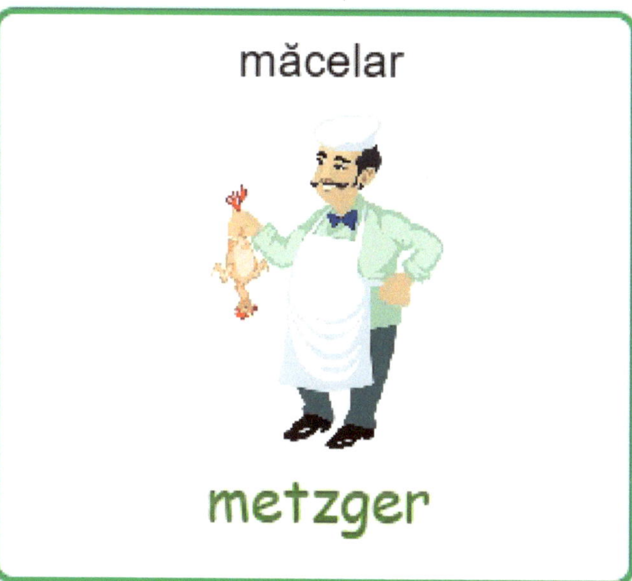

măcelar

**metzger**

liderii

**führer**

şef

**manager**

politician

politiker

îl

ihm

brutar

bäcker

jefui

rauben

tâmplar

zimmermann

poliţist

polizist

chelneri

**kellner**

polițist

**polizist**

copii mici

**kleinkinder**

mama

**mama**

servitoare

**maid**

avion

**flugzeug**

masină

auto

scutere

roller

bicicletă

fahrrad

dubă

van

autobuz

bus

bicicletă

fahrrad

trenuri
züge

camioane
lastwagen

jeepuri
jeeps

taxi
taxi

vagon
wagen

rachetă
rakete

roabă

**karren**

minge

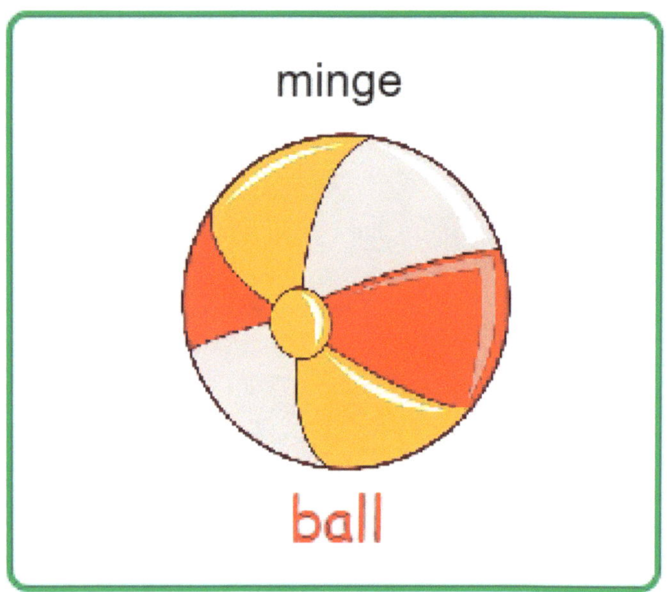

**ball**

steag

**flagge**

tigaie

**schwenken**

vază

**vase**

prosop

**handtuch**

sac

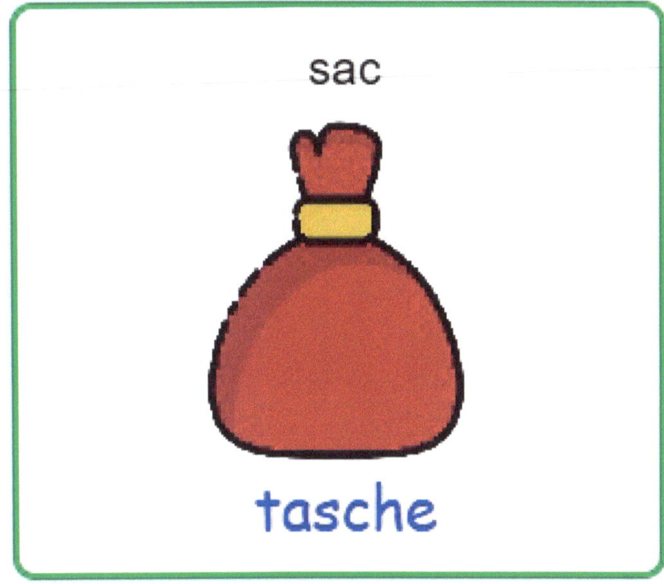

**tasche**

ulcior

**krug**

rucsac

**rucksack**

cuib

**nest**

copac

**baum**

umbrelă

**regenschirm**

vulcan

vulkan

ancoră

anker

fire

garn

fermoar

reißverschluss

gulere

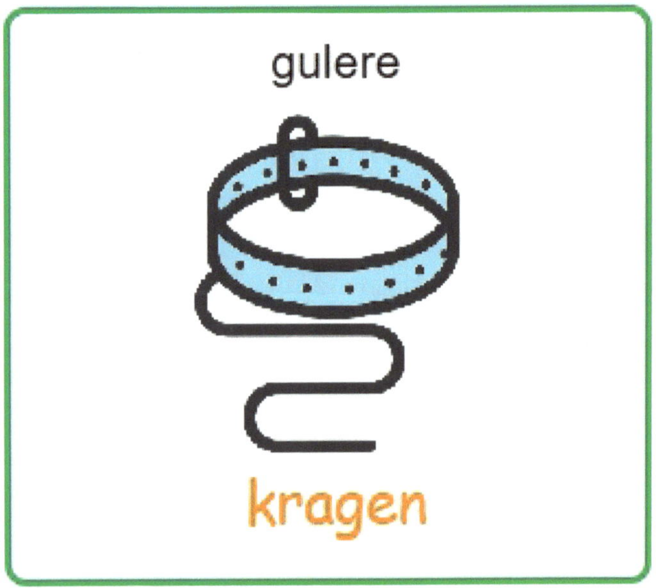

kragen

oglindă

spiegel